世界の人びとに聞いた 100通りの平和

監修 **伊勢﨑賢治** Isezaki Kenji

シリーズ **2** アメリカ・アフリカ編

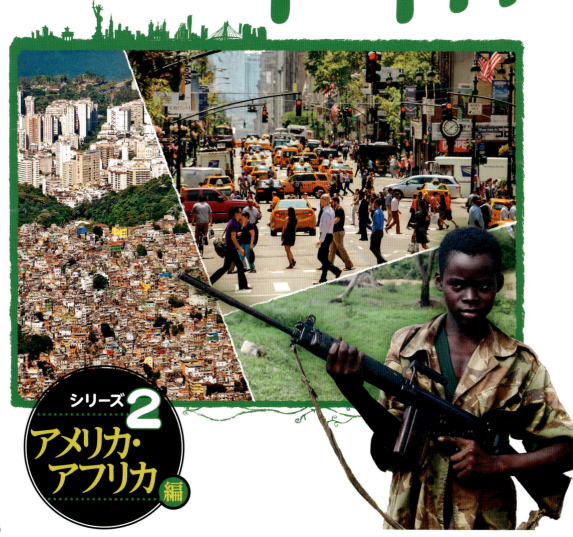

写真
- シエラレオネの14歳の少年兵（右下）
  写真：AP／アフロ
- ニューヨークを行き交う人びと（右上）
  thomas koch/Shutterstock.com
- ブラジルの貧困地区（左）

かもがわ出版

はじめに

　世界にはたくさんの国があり、それぞれの歴史や文化を持っています。

　そんな国ぐにが「平和」という言葉を使うとき、その意味や考えは、どの国でも同じでしょうか？

　たとえば、外国の侵略から自分の国を守ることこそ「平和」と考える国や、宗教のちがいで対立することがない状態を「平和」と考える国、または世界に自分たちの信念を広めることこそ「平和」につながると考える国などがあります。国によって「平和」の意味や、そこに込められる想いは、それぞれ少しずつちがうのです。

　日本には平和憲法と呼ばれる憲法があります。憲法9条では「戦争をしない」「戦力を持たない」と決められ、世界の平和のために努力をすると宣言されています。そんな日本の国民として、あなたも将来、世界のいろいろな国の人たちと出会い、「平和」について話しあうことがあるかもしれません。そのときに、自分の知っている、武力によらない平和だけがゆいいつの「平和」だと考えるのではなく、この本に書いてあるようなそれぞれの「平和」があることを知っていれば、きっとお互いのことをよりよくわかり、前向きな話しあいをすることができるでしょう。

　このシリーズでは16カ国の人びとに、その国で考えられている「平和」についてインタビューをしています。そこから、その国の「平和」の意味を調べ、その背景にある歴史や国際問題などをまとめました。世界の人びとがどんなふうに平和を願い、平和を実現しようとしているのかがわかるようになっています。

　平和の本当の意味とはなにか、平和な世界をつくるために必要なものはなにか、このシリーズを読んだみなさんが、少しでも手がかりをつかめればうれしいです。

世界の人びとに聞いた100通りの平和　もくじ

はじめに ……………………………………………………………………… 2

● **アメリカ合衆国** …………………………………………………………… 4
　アメリカ合衆国ってどんな国？ ……………………………………………… 8

▶ **戦争の歴史と、武器の規制** ……………………………………………… 10

● **メキシコ合衆国** …………………………………………………………… 12
　メキシコ合衆国ってどんな国？ ……………………………………………… 16

● **ブラジル連邦共和国** ……………………………………………………… 18
　ブラジル連邦共和国ってどんな国？ ………………………………………… 22

● **ガーナ共和国** ……………………………………………………………… 24
　ガーナ共和国ってどんな国？ ………………………………………………… 28

さくいん ……………………………………………………………………… 30

国名 The United States of America

アメリカ合衆国

「世界の警察官」を自任して他国で戦争を起こすことから、テロの標的になっています。

英語で「平和」は

Peace
ピース

ベンジャミン・ラーソンさん（36歳）

1979年ミネソタ州生まれ、ワシントン州で育つ。シアトルのワシントン大学で日本とアメリカの外交を学ぶ。卒業後、同大大学院で韓国社会科学を研究。現在、日本の大学の研究生。

平和とは外国と戦争していない状態

ピースはラテン語の「パクス」という言葉が語源です。鎮めるとか平和を回復するという意味。太平洋（パシフィック・オーシャン）もこのパクスからきていて、おだやかなイメージがある言葉です。

平和というと、外国と戦争をしていない状態を連想します。国内に暴力があるかないかは、ピースという言葉では表しません。

戦争を応援しすぎるアメリカ人

Q 平和という言葉でどんなことをイメージしますか？

平和はもちろん、いいことで理想的なことです。平和といえば、まず大きな戦争がないこと。次に、紛争やテロがないことだと思います。

Q あなたの国は平和ですか？

いまは世界大戦や冷戦といった大きな戦争はないので、平和だといえます。でも、アフガニスタン戦争やイラク戦争を戦っていて、完全に平和ではありません。

Q 平和について語り合うことはありますか？

私はイラク戦争に反対でした。ほかの学生は、なぜイラク戦争を始めなければならなかったか説明できませんでした。大量破壊兵器があると信じこまされていたのです。

Q どうすれば世界が平和になる？

経済的に安定していれば、戦争は少なくなると思います。その国の人が、その国の政治を変えることができるようになるからです。

Q あなたの国でどんな平和教育を受けましたか？

歴史の授業でベトナム戦争について勉強するときには、ベトナム戦争に反対するデモや運動について勉強するだけで、戦争の中身についてはあまり学びません。これでは、平和を望む気持ちは芽生えないと思います。

第2次世界大戦──1939年から6年にわたって続いた大戦争。独裁的な政治で他国を侵略する日本、ドイツ、イタリアと、アメリカ、イギリス、フランス、ソ連などの連合国軍とが世界的規模で戦いました。

アメリカが世界を平和にしている？

第2次世界大戦が始まった1939年には、アメリカは経済力では世界一でしたが、軍事力は世界39位でした。このころまでは、アメリカはヨーロッパの戦争に口をはさみませんでした。その後だんだん軍事力を強め、戦後は軍事大国となり、「アメリカが世界を平和にするのだ」という考えが強くなりました。

いまはシリアに内戦が起こると「私たちアメリカはどうするべきか？」と自然に考えます。アメリカ人の多くは「アメリカが世界を平和にする役目を果たしていなかったら、もっと多

くの戦争が起こっていたはずだ」と考えます。

　私は、そういう考えにもとづいた第2次世界大戦後のアメリカの外交を、「大失敗」とはいえないと思います。でも、不満もたくさんあります。点数をつけるなら、30点くらいでしょう。例えば、ベトナム戦争はしないほうがよかったと思います。

　いまもアメリカは世界の平和を支えていると同時に、戦争を起こすことがあります。アフガニスタン戦争やイラク戦争がそうです。アメリカの人びとは戦争を起こすことを認めすぎています。アメリカなら戦争をしてもいいということはないのに。

> アフガニスタン戦争——2001年9月11日、アメリカで同時多発テロがおこり、アメリカはその犯人が潜んでいるとしてアフガニスタンに攻撃をおこないました。

> イラク戦争——イラクで大量破壊兵器がつくられているという理由で、2003年からアメリカ、イギリスなどがはじめた戦争。結局大量破壊兵器はみつかりませんでした。

イラクに大量破壊兵器があると信じた

　大学生のときに、日本の外交、とくに日本とアメリカの関係を勉強していたので、広島と長崎の原爆について学ぶ授業も受けました。アメリカが原爆を落とそうと決めたのはよいことか悪いことか、討論しました。アメリカ人の多くは「原爆を落としたことで、日本が早く降伏した」と信じています。でも私は授業でいろいろな知識を得て、「それは事実かどうかわからない」と考えるようになりました。

　イラク戦争のときも、大学でよく討論会がありました。私はイラク戦争に反対でした。イラクが本当に大量破壊兵器を持っているのか、疑問だったからです。けっきょく大量破壊兵器はみつかりませんでしたが、ほかの学生は「イラクに大量破壊兵器があるとみんな信じていたから、戦争を始めたのはしかたなかった」といいました。私は「イラク戦争を始める前に、アメリカ政府の話は嘘だと気付くべきだった」と反論しました。でもその学生は「たしかにまちがいだったが、大量破壊兵器があるという政府の発表は疑いようがな

ニューヨークのタイムズスクエア。世界中の企業の広告があふれます。

キューバ──カリブ海に浮かぶ島国。モノをつくる手段を企業ではなく、国などが管理する体制（社会主義）の国で、アメリカと敵対関係にありましたが、2015年7月、双方の大使館が再開し、54年ぶりに国交が回復しました。

※1──日本は明治維新以降、ヨーロッパの国ぐにをまねて植民地政策をとりました。国際的な非難のもと、1895年に台湾を、1910年には隣国である朝鮮を植民地にし、中国の東北部にも満州国というかいらい政権をつくりました。日本の支配下で現地の人びとはさまざまな差別や搾取にあいました。

憲法9条──戦争に敗れ、その反省のもとにつくられた日本国憲法の9条では、戦争をしないこと、そのために戦力をもたないことが約束されています。

日米安保条約──日米安全保障条約のこと。1951年にアメリカと日本が結んだ条約。日本の安全を守るという理由で日本がアメリカ軍に基地を提供すると決めました。

かった」といいました。私が「あなたたちは、まちがいと知りながら、わざと信じたのではないか」と反論したため、感情的な議論になってしまいました。

私の家族は、自由に考えを言い合うことが大事だと思っているので、家ではなんでも話せます。でも親戚には「戦争はしかたない」と考える人も多いので、戦争と平和のことは話題にしません。私の一番下の弟は軍隊に入っていて、アフガニスタンとイラクに派遣されましたが、無事に帰ってきました。彼は命令がきたから戦地に行きましたが、「戦争がいいと思っているわけではない」と語っていました。

経済が発展すれば、その国の人が政治を変革できる

経済が安定していれば、戦争はなくなると思います。

例えば最近、アメリカとキューバとの国交（国と国との関係）が正常化しました。1959年、すぐ隣の国キューバが、アメリカとは考えがちがう社会主義の国になりました。アメリカはキューバを警戒し、1961年から国交を断絶して貿易も禁止しました。それによってキューバは経済発展が大きく遅れてしまいました。もしキューバがアメリカと貿易していたら、経済が豊かになり、キューバ人は自由の大切さがわかったでしょう。そして自分たちで国の政治を変えたでしょう。

アメリカは、ほかの国の人たちが自分たちで問題を解決できると信じることができないのです。だからアメリカが口を出して、その国の政治を変えようとしてきました。私は経済が発展すれば、その国の人が自分の国を変えられるようになると思っています。そうなれば、国と国との関係を平和に保つことができるはずです。

日本人が平和を選ぶ可能性はある

いま、日本は戦争に参加していませんから、日本は平和だと思います。しかし、平和な世界を支えるために戦争が起こらない状態をつくる努力をしているとは、まだいえないと思います。

とくに、日本は第2次世界大戦の前から韓国（朝鮮）や中国に大きな苦しみを与えたこと※1を、みずから進んで解決しようとしていません。これでは平和的だとはいえません。謝るのはそう難しいことではないのに、そんなこともためらう日本の政治家が、戦争をするかどうかを決めないといけなくなったとき、本当に平和を選ぶのでしょうか？

日本には憲法9条があり、戦争に参加することを認めていません。また日本人は、日米安保条約という軍事同盟でアメリカに守ってもらっていると思っています。だから、戦争か平和かの選択を迫られたことがないのです。そういう問題に直面したらどうするかは、大切な問題です。日本人が平和を選ぶ可能性はあると、私は思っています。

アメリカ合衆国 7

アメリカ合衆国ってどんな国？

広い領土
北アメリカ大陸にあり、ハワイ、アラスカをふくむ50の州と、1つの特別区でできています。世界第3位の面積をもちます。

人種のるつぼ
住民の多くはヨーロッパから移住してきた白人ですが、植民地時代に奴隷として連れてこられたアフリカ系の黒人や南米からの移民などがそれぞれ10％強をしめ、その他アジア系や、少数ですが先住民など、さまざまな人種がいます。

話されていることば
もともと16世紀にイギリスが植民地とした地域が独立した国なので、英語が話されています。

アメリカ合衆国
首都：ワシントンD.C.

世界一の経済大国
原油など豊富な資源をもつ上、20世紀の2度にわたる世界大戦でほとんど被害を受けなかったことから、世界一の経済大国として国際社会で大きな影響力をもっています。

ニューヨーク・マンハッタンの風景

日本との関係
第2次世界大戦に敗北した日本は、それまでの軍国主義から民主国家になることを約束します（ポツダム宣言）。日本を占領し、その指揮をとったのがアメリカでした。その後もアメリカと敵対していたソ連（ソビエト連邦共和国）に対抗するため、日本に基地をおくなど、日本との関係を深めました。

国際社会のリーダーとして

👉 「世界の警察官」になろうとするアメリカ

　ベンジャミンさんのお話にもあるように、アメリカの人びとの多くは、世界の戦争をなくすためにアメリカが行動しなければならないと考えます。「世界の警察官」として、国際秩序を守らなければならないと思いこんでいます。

　なぜこのような考え方をするのでしょうか。世界は20世紀に第1次世界大戦、第2次世界大戦と、2度の大きな戦争を体験しました。第2次世界大戦がはじまったとき、アメリカは他国の戦争には立ち入らないという立場をとり、戦争には参加しませんでした。しかし、独裁的な政治をすすめるドイツ、イタリア、日本がフランス、イギリスなどを追いつめていくと、アメリカも危機感を持ち始めます。こうしたなか、日本軍がハワイに奇襲攻撃をしかけ、アメリカの参戦を決定づけました。

👉 冷戦のもと、覇権をあらそう

　また、アメリカは、社会主義の国・ソ連が戦争で活躍し、国際社会で大きな影響力を持つことも心配しました。国が経済をコントロールし、財産を制限するなどの社会主義のやり方は、アメリカの支配層の価値観とまったくちがったためです。

　第2次世界大戦が終わると、アメリカは新しい国際秩序づくりにリーダーシップを発揮します。そこで戦争で負けた国や、それまで占領されていた国ぐにをどうするかが問題となりました。このとき、アメリカとソ連はそれらの国を自分の仲間にしようとにらみ合います。こうした対立から、アメリカは「社会主義から世界を守る義務がある」という考えを育み、社会主義の国が誕生しそうになると、経済的な圧力をかけたり、軍隊を送ったりしました。

👉 新しい国、アメリカ

　もともと、アメリカには「自分たちの国はすばらしい国だ」という自信があります。

　今のアメリカの土地は、もともとオランダ、フランス、スペイン、イギリスなどの植民地でした。そのうち、イギリスの植民地が本国とのあいだに生まれたいろいろな不平等に不満をもち、独立戦争を起こし、勝利します。同じころ、ヨーロッパでは「国民主権」や「人権」といったこれまでにない考えがさかんに議論されていました。アメリカはこれらの考えを取り入れ、はじめて国民を主権者とし、人権をもりこんだ憲法をつくりました。

　アメリカは「自由で人間らしい生き方をするために、みんなで力をあわせてつくった国」という当時の人たちの理想の国家であり、現在もこの考えは建国の精神として、アメリカの人びとの誇りなのです。

　しかし、「平等」な国民のなかに先住民（インディアン）や黒人などはふくまれず、長い間人種差別が続き、いまも多くの差別が残っています。また、アメリカが戦争をくりかえすことで、武器をつくる軍需産業も大きくなり、アメリカの経済の重要な分野になっていきました。そのため、戦争がないとアメリカの経済が悪くなるという構造が生まれ、「アメリカは戦争中毒になっている」という批判があります。

戦争の歴史と、武器の規制

世界の戦争の歴史

世界にはたくさんの紛争があり、多くの人が苦しんでいます。しかし、人類は戦争をなくすためにさまざまな努力をしていることも、知っておくべきです。

人類の歴史で、戦争による死者の数が爆発的に増えた時期があります。それが、第1次世界大戦、第2次世界大戦がおこった20世紀です。これらの戦争は、技術革新で重火器や戦車、戦闘機などの近代兵器が発明されたこと、また、世界規模の軍事同盟がつくられ、激しい対立がおこったことにより、人類がこれまで経験したことのない大被害をもたらしました。

戦争が違法とされる新しい時代

第1次世界大戦後、その反省から、国際紛争を平和的に解決することを求めたパリ不戦条約ができました。この条約は「戦争の違法化」の流れをつくり、第2次世界大戦の後の1945年、国際連合（国連）が誕生します。世界のほとんどの国が加盟する国連では、自分の国が攻撃された時以外は戦争ができないなど、戦争についてのルールが決められました。近代以前は、国が戦争をすることはあたりまえのことで、戦争や残虐行為が「やってはいけないこと」という認識すらありませんでした。しかし、「だれにでも人間らしく生きる権利がある」という人権意識が根付き、人権をおかす戦争はいけないものと認められたのです。

軍需産業の伸張
～戦争を支える武器産業

国連では戦争の被害をなくすために、平和維持活動や難民支援など、さまざまな活動をおこなっています。また、戦争の根っこにある武器の製造や輸出について

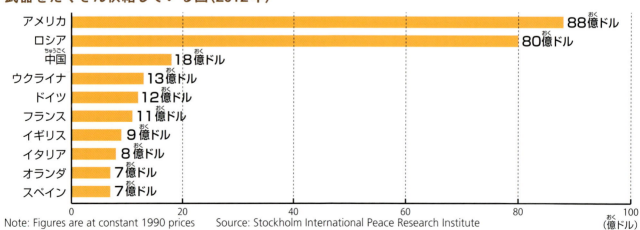

武器をたくさん供給している国（2012年）

アメリカ	88億ドル
ロシア	80億ドル
中国	18億ドル
ウクライナ	13億ドル
ドイツ	12億ドル
フランス	11億ドル
イギリス	9億ドル
イタリア	8億ドル
オランダ	7億ドル
スペイン	7億ドル

Note: Figures are at constant 1990 prices
Source: Stockholm International Peace Research Institute
（億ドル）

も規制をおこなおうとしています。いま、戦争と武器をつくる産業とは、切っても切れない関係になっています。自由に武器を売って儲けることができると、戦争を起こしてどんどん儲けようとする人たちがあらわれるからです。1961年にアメリカのアイゼンハワー大統領は、成長する武器産業が議会の決定に大きな影響を及ぼすのではないかと危惧を表明しています。実際、アメリカではロッキード社やボーイング社という巨大企業が戦争によって多大な利益をあげています。同時に、工場がある地域の雇用の受け皿となっているため、地元の国会議員にいうことを聞かせやすく、アメリカ議会にも少なくない影響を与えているといわれています。こうした軍需産業の思惑から、いま、世界は先進諸国のつくった武器であふれています。

武器をめぐる規制

こうした動きを少しでも封じるために、国連では武器の輸出や売買についての規制をつくる努力をしています。2013年には武器貿易条約という新しい条約ができました。この条約は、武器がどこからどこへ運ばれたのかを報告するよう定めています。独裁国家や残虐行為をおこなう国、民間人への攻撃をおこなう組織などへ武器が流れることを禁止しているので、紛争を減らす手だてになると期待されます。一方、日本はこれまで「武器輸出3原則」で、基本的に武器の輸出を制限してきました。しかし、2014年にこれを廃止し、本格的な武器の輸出に道を開きました。世界の平和の流れに反することで、今後日本の動きが気になります。

ライフルを手にしたアフリカ・シエラレオネの14歳の少年兵。11年間の内戦のなかで、非合法の武器がたくさん流入しました。

写真：AP／アフロ

国名 Estados Unidos Mexicanos

メキシコ合衆国

麻薬の密売組織が暗躍し、治安をおびやかしています。

スペイン語で「平和」は

Paz
パス

ヴィクトル・マヌエル・エルナンデス・ヴァスケスさん（27歳）

1987年生まれ。首都メキシコシティ出身。ウナム大学で歴史を勉強し、卒業後、エル・コレヒヨ・デ・メヒコ大学の大学院修士課程で日本史を勉強した。その後来日し、日本の大学で日本語を勉強している。

カトリック——キリスト教の最大宗派で、ローマ教皇を首長にあおぎます。妊娠中絶や同性愛に反対しています。

考え方のちがう両親から「尊重」することを学んだ

　私たちメキシコ人にとって一番大事なのは、家族です。日本人は、子どものときには家族を大切に感じるみたいだけれど、だんだん学校や会社の仲間のほうが大事になって、仲間を優先するようになりますね。私にはそれが理解できません。私は父母との3人家族ですが、父母と離れて日本に住むようになって、ますます「家族が大切」という気持ちが強くなりました。

　私の父はカトリック信者ですが、母は神を信じていません。両親の部屋には、ベッドの

平和が生まれる場所は家族です

Q 平和という言葉でどんなことをイメージしますか？

平和とは、戦争があるかどうかだけではなく、毎日の生活で感じられるものです。メキシコの大都市では交通ルールの違反や暴力が、あちこちで見られます。

Q 平和について語り合うことはありますか？

メキシコでは日本より国際ニュースが多く、イスラエルとパレスティナの問題など、世界の戦争についてよく報道されます。日本では世界中の「よいこと」ばかりを報道しているような気がします。

Q あなたの国は平和ですか？

いまのメキシコは平和とはいえません。メキシコ人は、自分の家族以外に心を砕くことがあまりなく、わがままな態度が目につきます。

Q どうすれば世界が平和になる？

ほかの人のことを考え、マナーを守るなどの教育が必要です。

Q あなたの国でどんな平和教育を受けましたか？

カトリックの学校に通い、キリスト教の教えを勉強するなかで、貧しい人を助けること、両親への尊敬を表すこと、よい人になることなどを学びました。

神道――日本で生まれた、祖先や自然を神とする古い民間信仰です。神社には神道の神様がまつられています。

父の側にはキリストの絵がかかっていますが、母の側にはなく、ほかの絵がかかっています。2人は、自分の文化や考え方をそれぞれの方法で表しているのです。

メキシコのふつうの家族は両親ともカトリック教徒です。だから、ほかの宗教への理解はあまりないでしょう。私は考え方のちがう両親から、一番大切なのはほかの文化を尊重することだと教えてもらいました。だから、平和が生まれる場所は家族だと思うのです。

私はカトリックの小学校に通っていましたが、神は信じていません。じつは、祖母が日本の神道と仏教に興味をもっています。そんな祖母の話を聞いて、キリスト教以外にも宗教があることを知りました。日本のアニメの影響も受けました。メキシコでは日本のアニメ「聖闘士

星矢」がテレビで放送されていました。日本人の少年たちが世界を守るストーリーで、彼らは仏教やカトリックなどみなちがう宗教を信じています。すばらしいと思いました。神道も仏教もアニメも、日本からきたわけで、だから日本が好きになりました。

> **スペインとの戦争**——
> 1810年から11年間続いたメキシコ独立戦争のこと。メキシコは16世紀のはじめからスペインの植民地でしたが、この戦争に勝って、スペインの強引な支配から独立します。

平和は毎日の生活で感じられるもの

　メキシコはこれまで何度か戦争を経験してきました。スペインとの戦争、アメリカとの戦争、そして第2次世界大戦のときには日本とも戦いました。でもこのときは船を一隻派遣しただけで、これが外国との最後の戦争となりました。その後、メキシコは70年間、戦争をしていません。

　でも平和とは、外国と戦争しているかどうかだけではなく、毎日の生活で感じられるものです。

　メキシコ人にとって家族は大事ですが、これにはよくない面もあります。なぜなら、自分と自分の家族のことだけ考えて、他人のことをあまり考えないからです。車を運転しても、自分だけ早くいきたいから、「どけ、どけ」というわがままな態度になり、信号や車線を守らない人が多く、交通事故で命を落とす危険にさらされています。こんな状況では、メキシコは平和とはいえません。

　メキシコではストレスが多く、外で大声で叫んだり、汚い言葉を吐いたり、暴力的な態度の人もいます。そんな大人を見て育ったら、子どももそうなってしまいます。ほかの人のことを考え、マナーを守るなどの教育がきちんとできるようになれば、家の外で知らない人と接したときに、もし相手に問題があっても、暴力で解決することはしないと思います。

> **アメリカとの戦争**——
> 1846年から始まったアメリカ・メキシコ戦争のこと。メキシコの独立にともなって、アメリカとメキシコの境にあるテキサス州も独立を宣言すると、アメリカがこれを併合してしまいました。反発したメキシコと戦争になり、メキシコは敗北。国土の3分の1をアメリカに奪われます。

アメリカにあこがれて

　メキシコの若者はいつもテレビで、隣の国アメリカの生活を見ています。アメリカ人は

メキシコシティを行き交う人びと

首都メキシコシティ

不法入国──正しい入国の手続きをせずに外国へ入ること。メキシコからアメリカへ不法入国する人は、年間100万人以上いるといわれています。

麻薬密売組織──麻薬とは、それを摂取すると、依存してしまって逃れられなくなり、命を落とす事もあるおそろしいものです。中南米は麻薬の一大産地で、アメリカに多くの麻薬を密売しています。麻薬の売買を取り仕切るマフィアが多く存在し、力をもっています。

みんな自分の家や車を持ち幸せそうに見えるので、「家族とあんな豊かな生活をしたい」と強くあこがれます。

そんな生活を手に入れるために、二つの方法を考えます。一つは<u>不法入国</u>してでも、国境を越えてアメリカで働く方法。でもアメリカで豊かな生活を実現するのは大変難しいです。それに、一度アメリカに不法入国しても、出国のときそれがバレたら二度とアメリカに戻ることができません。だから、もしメキシコの家族が亡くなっても、メキシコに帰ることができません。

もう一つは、<u>麻薬密売組織</u>に入る方法です。そうすればてっとり早くお金を手にできます。しかし、これは命がけです。メキシコの北部では密売組織どうしが客を取り合って争い、若者どうしが殺し合っています。

メキシコらしさとは、何だろう？

メキシコはスペインの植民地だった間に、貧乏な国になりました。そのため独立後は、すべてのことを自分で決めたいという気持ちが強くあったと思います。その気持ちが国の習慣になったのです。

メキシコとは何でしょうか？ スペインの文化を受け継いでいますが、スペインではありません。いまはアメリカの影響を受けているけれど、習慣も文化も全然ちがうので、アメリカにもなれません。そのくせ、中南米の国ぐにと近い文化なのに、「あの国ぐにのようにはなりたくない」と見下しているのです。

日本では畳を使うなど、伝統的な習慣が残っています。日本人は、もしそれが生活に便利でなくても「これは私たちの文化だから守ろう」と考えているのだと思います。でもメキシコ人は、自分たちの文化に誇りが持てずにいます。残念なことです。

変わってきたメキシコ

同性愛──男の人が男の人を、女の人が女の人を好きになること。近年、こういった人たちへの理解がすすみ、同性どうしの結婚を認める国や地域も増えています。

しかし、メキシコも変わってきています。メキシコはカトリックの国ですから、<u>同性愛</u>のカップルを好まない人が多いのです。でも、私が住んでいたメキシコシティなど大都市では、同性のカップルを見かけるようになり、同性愛の友だちがいる人もいて、自分とはちがう生活を尊重できるようになってきています。

年配の人は、海外へ行くチャンスも少なく、考え方がせまかったと思います。でも最近は、私のように大学で学ぶことができる人も増え、外国の情報も知ることができるので、自分とはちがう宗教や習慣を持つ人たちを尊重することの大事さを、親の世代に伝えるようになっています。平和を守るためには、親が子どもに、あるいは子どもが親に、自分たちが知った「よいこと」を伝え合うことが必要だと思うのです。

メキシコ合衆国ってどんな国？

アステカ帝国でつかわれていた暦

マヤ文明の遺跡

2つの文化
メキシコではオルメカ文明、マヤ文明など古代から数多くの文明が栄えてきました。14世紀にはアステカ文明が繁栄しましたが、16世紀にスペイン人の侵略によって消滅してしまいます。その後、スペインの文化と先住民の文化がまざり、独自の文化をつくり上げます。また、国民の約9割がカトリック教徒です。

豊富な地下資源
世界有数の天然資源国で、原油（世界6位）、銀（世界2位）などの産地です。農・水産業も盛んで、日本のアボカドの95％、ライムの99％以上はメキシコ産。激辛唐辛子「ハバネロ」も有名です。

アボカド

メキシコ合衆国
首都：メキシコシティ

北太平洋／アメリカ／メキシコ湾／ベリーズ／グアテマラ／カリブ海

人種とことば
メスティーソといわれる先住民と白人との混血が約6割、先住民が約3割ほどを占めます。スペイン語が話されます。

日本との交流は400年
日本とメキシコの歴史は古く、1609年にまでさかのぼります。メキシコ船が台風で現在の千葉に漂着し、地元の人たちに救助されました。江戸幕府も帰国のために力をつくしたことから、日本とメキシコの交流が始まりました。

減らない犯罪
南米はコカなど麻薬の産地で、アメリカに密輸をする麻薬密売組織が多数あります。その組織どうしの争いが日常的に起こり、犯罪も凶悪化しています。こういった犯罪が減らない背景には、人びとの貧困問題があるといわれています。

貧富の格差が麻薬密売組織を生む

スペイン人による支配

　メキシコというと、なにを思い浮かべますか。タコスやアボカド料理など、日本でも人気のメキシコ料理、それにポンチョなどの服装が浮かぶかもしれません。これらの文化は、もともと南米に住んでいた先住民の文化と、植民地支配者として住み着いたスペイン人の文化が混ざり合って生まれました。

　メキシコは、アメリカの南隣の国です。大航海時代、イギリス、スペイン、ポルトガルがアメリカ大陸に到達し、植民地にしました。現在のメキシコがある場所には、アステカ帝国という高度な文明が栄えていましたが、スペインが征服し、そのまま定着しました。そのうち、スペイン本国がメキシコの富を横取りしていると考えた人びとは、独立して新しい国をつくろうとします。しかし、貧しい生活を強いられている先住民や、先住民と白人との混血の人びと、カトリック教の昔からの考え方を大切にする人びと、スペイン人のお金持ちなど、いろいろな立場の人がいたため、19世紀はじめにスペインから独立しても、メキシコの国作りは一筋縄ではいきませんでした。

スペインによる植民地時代に建てられた教会

外国のお金持ちを追い出す

　もともと植民地だったメキシコの大きな農園や工場は、外国のお金持ちがつくったものです。独立してもなお、儲けるのはそういった金持ちだけで、そこで働くメキシコ人は豊かになれない仕組みになっていたのです。

　こういった状況を変えようと、1910年から農民や労働者、自由な政治を求める人びとが革命をおこします（メキシコ革命）。それまでの独裁政権がたおされ、現在のメキシコ憲法ができました。また、地主の農地を貧しい農民にあたえ、それまで外国が独占していた石油などの産業も国のものにするなど、政治の改革が進められました。

　第2次世界大戦後、メキシコは石油産業を柱に工業化をすすめ、発展途上国の「希望ののろし」といわれるまでになりました。しかし、1980年代に先進国から借り入れた金が返せなくなり、経済危機に陥りました。それ以降、政治の腐敗なども重なり、経済も社会も長い苦境にあえいでいます。

アメリカとの関係

　3141kmにもわたって国境を接する隣の国アメリカに対しては、かつて戦争でテキサス州を奪われたことや、経済的な介入を受けてきたこともあって、警戒心がメキシコ人にはあります。しかし、国境を接する国どうし、まったく影響を受けないということはできません。最近では、麻薬の問題が両国を悩ませています。南米は麻薬の原料であるコカの一大産地で、かたやアメリカは麻薬の一大消費国で、メキシコはその流通ルートにあたります。メキシコから麻薬密売組織がなくならない背景には、いまだ広がる貧富の差があります。「アメリカに最も近く、天国から最も遠い国」。これがメキシコといわれています。

| 国名 | República Federativa do Brasil |

ブラジル連邦共和国

南アメリカーの経済大国でありながら、貧富の格差が課題です。

ポルトガル語で「平和」は

Paz
パス

ダニエレ・イバ・パラナさん（27歳）

1987年生まれ。パラナ州出身。曾祖父が沖縄からブラジルに移住した日系4世。1997年から祖母と母とともに日本で暮らし、中学卒業後に帰国。高校を卒業してブラジルの大学で学び、2015年9月まで日本の大学で日本語・日本文化を研究していた。

路上で襲われたこともある

　ポルトガル語のパスは、ラテン語の「パーケ」からきた言葉です。争いや社会的な混乱がないこと、調和、和解、平穏、平和、性格が良い、人との争いがないなどの意味があります。
　最近のブラジルのニュースを見ていると、高校生のケンカが殺人にまで発展する事件が増えているし、先生への暴力もあります。
　私が住むクリチバ市は大都市で、強盗など凶悪事件が朝でも昼でも起きています。ブラジルの北部はもっとひどいです。私も何回か物を盗まれたことがあります。道で携帯電話

 ダニエレさんにインタビュー Q&A

犯罪のない平和な町に暮らしたい

Q 平和という言葉でどんなことをイメージしますか?
心配なく生きること。家族も地域も、世界もふくめてケンカがない状態が平和だと思います。

Q どうすればあなたの国が平和になるでしょう?
犯罪を減らすためには、政治を変えなければいけません。でもどの政治家も国民のことではなく、自分のことばかり考えています。

Q いまの日本は平和だと思いますか?
平和だと思います。日本では、一人で夜にコンビニエンスストアに行くことができますが、ブラジルではできません。

Q あなたの国は平和ですか?
家を出るとき、強盗などに襲われるのが怖いです。私は携帯電話を、母はネックレスを路上で奪われました。

Q 平和について語り合うことはありますか?
ブラジルでは、男性は18歳になると必ず軍隊にいかねばなりません。いきたくない若者も多いのですが、友だちと徴兵制について話し合うことはありません。

をかけているとき、男女の強盗が近づいてきて襲われました。大声を出したら女性が私の口を押さえて、男性にナイフで脅されました。私の母は道を歩いていると、自転車で近づいてきた人に金のネックレスを首から引きちぎられ、持っていかれました。母はバスのなかで財布を盗まれたこともあります。

5年くらい前から犯罪が多くなってきました。政治や経済が悪くなり、教育もあまりよくないからです。ブラジルは国土も広く、中南米で1位、世界で7位の経済力(2014年の名目GDPランキング)などといわれていますが、元からお金持ちの人はさらにお金持ちになり、貧しい人びとは貧しいままで、格差が広がっています。

ブラジル連邦共和国

> 徴兵制度——男性には18～45歳まで、兵役の義務があります。しかし実際には登録をするだけで、ほとんどの人は徴兵を免除されています。

男性に12カ月の徴兵制

ブラジルには徴兵制度があり、男性は18歳になると必ず12カ月軍隊にいきます。来年18歳になるいとこがいく予定です。徴兵は義務ですから、嫌だと思っていてもいかないわけにはいきません。友だちの弟は軍隊での訓練があまりにも厳しくて、途中で帰ってきてしまいました。でも、友だちの間で徴兵制について話し合うことはありません。

ブラジルはいま外国と戦争をしていません。外国とのトラブルといえば、ブラジル人の麻薬密売人がインドネシアで逮捕されて死刑を求刑され、2003年から服役していた事件があります。ブラジルの大統領がインドネシアの大統領に刑を軽くするよう求めていましたが、2015年4月に執行されました。これ以外で外国とのトラブルは知りません。

リオデジャネイロ。美しいビーチが特徴。

先生、医師、警察官が足りない

いまのブラジルの大問題は、なんといっても国内に犯罪が多いことです。マフィアの力が強く、いまの警察では抑えられません。警察官の数が足りず、増やしてほしいという声はあるのですが、そのために政府がなにかする様子はありません。

どこに勤めても給料は低いし、保育園は足りないし、教育もひどいままです。私は日系4世で、10歳のときから祖母と母とともに日本で暮らし、高校のときにブラジルへ帰ったのですが、驚いたのは学校のルールを守らない人が多いことでした。学校の前でタバコを吸っている生徒がいても、学校の敷地の外だからと先生たちはなにもしないのです。先生が足りず、生徒に目が行き届かないのです。

医師不足も問題になっています。大学を卒業して医師になっても、給料が高い私立の病院に就職して、公立病院にはきてくれません。私立の病院は治療費が高いので、医師にたくさん給料が払えるのです。公立病院にしかいけない貧しい人たちは、何カ月も手術を待たなければなりません。

こうしたことに対して、政治はなにもしてくれないのです。政治を変えなければいけません。選挙はおこなわれますが、どの政治家も国民のためではなく、自分たちのために政治をやっているように見えます。国民のことを考えてくれる人が立候補しないので、選挙があっても国民はいい人を選べないのです。

そんな自分の国に絶望して、アメリカや日本など外国にいこうとする人も多いです。若い人は、アメリカへいけば金持ちになって、いまよりはまともな生活ができると信じています。日系人は日本にいくことが多いです。ブラジルでよい仕事に就けなかった母の友人は、日本で働き、お金をためてブラジルに戻り、またお金がなくなったら日本へいくということを繰り返しています。日本にはいくつかの都市に日系人の社会があって、そこへいけば仕事が見つかるからです。

> マフィア——麻薬などの取り引きをおこなう犯罪組織。

> 日系人の社会——ブラジルは1980～90年代に不況にみまわれ、ブラジルから日本への出稼ぎが急増しました。日本各地の工業地域にはこうした出稼ぎ労働者が暮らし、定住する人も少なくありません。

家を出るときに、平和でないと感じる

私は家を出るとき、平和でないと感じます。毎日まわりを気にしながらでないと不安で歩けません。ブラジルでは子どもは一人で学校へはいきません。いつも親が車やバスで送っていきます。親が学校へ送っていく都合によって、授業の時間を朝、午後、夜の3つの時間帯から選ぶことができます。高校生になって、やっと一人でバスで通えるようになります。

日本は治安がいいので安心です。日本では、電車に乗ると、みんなスマートフォンをいじっていますが、ブラジルでこんなことをしていたら、すぐに強盗に奪われてしまうでしょう。日本人がほかの国へいったら、危ない目にあわないか心配です。

ブラジル連邦共和国

ブラジル連邦共和国ってどんな国?

話されていることばと人種

ポルトガル語が公用語。ヨーロッパ系が約50%、アフリカ系が約10%、混血が約40%、その他、アジア系や先住民がいます。

豊富な資源と農業

ブラジルでは多くの鉄鉱石（鉄の原材料）がとれます。オーストラリアについで世界2位の輸出国です。また、農業や畜産もさかんで、日本へは鶏肉、牛肉、大豆、コーヒー、砂糖などが輸出されています。

コーヒーの実

サッカー王国

ブラジルといえばサッカー。ワールドカップで最多の5回優勝するほどの強豪国です。ボールひとつあればできるサッカーは、どんなに貧しくても上手なら金持ちになれるという夢を、貧困層の子どもたちに与えています。

写真：Press Association/アフロ
ブラジルの国民的英雄 ネイマール選手

日本からの移民

1908年以降、日本からたくさんの移民がブラジルにわたりました。1888年にブラジルで奴隷制度が廃止され、働き手をえる目的で移民を歓迎したためです。これまでに日本から25万人ともいわれる人びとがブラジルへ渡りました。

ブラジル連邦共和国

南太平洋
ペルー
ボリビア
首都：ブラジリア
パラグアイ
アルゼンチン
ウルグアイ
南大西洋

広がる格差

ブラジルの都市には簡素な小屋が密集した「ファヴェーラ」と呼ばれる貧困地区が数多くあります。こういった地区で麻薬の売買などがおこなわれ、社会問題になっています。

ファヴェーラ

貧困の解決が求められている

南アメリカのリーダーとして

　南アメリカ大陸でもっとも大きな国土をもつブラジル。第2次世界大戦後は、他の国と戦争をしたことがありません。南アメリカのもうひとつの大国アルゼンチンとは、もともと領土問題や政治の考え方で対立していましたが、1986年に平和協定を結びました（アルゼンチン・ブラジル統合議定書）。90年代に入ってからは、隣国のウルグアイ、パラグアイ、アルゼンチンと「お互いの国に干渉せず、国際法をまもろう」という考えを原則に、関税をかけず、自由に貿易しあえる経済協定をむすびました。発展が遅れている南アメリカの国ぐにには、先進国、なかでもアメリカから政治でも経済でも干渉を受けてきました。その結果、国内の富を外国の金持ちに奪われるという経験をしてきました。外国に依存したやり方を改め、南アメリカの国どうしで一致団結して経済を発展させていこう、という考えが実行に移されたのです。南アメリカの平和と安定のリーダーシップをとってきたのが、ブラジルです。

軍事政権時代に拡大した貧困

　ブラジルは1985年までは、軍が実権をにぎり、気に入らない考えの人びとを弾圧する軍事政権が続いていました。この政権は経済成長をなによりも優先し、働く人たちの権利を無視したやり方をすすめました。企業がおこなう金儲けに政治が口出しをしない「自由経済」をとりいれたのです。その結果、工業化がすすみ、「ブラジルの奇跡」といわれるほどの経済成長をはたしました。しかし、その一方で貧富の差が広がっていきました。とくに、農民たちは外国から入ってきた企業によって土地を奪われ、仕事をもとめて大量に都市へ移り住みました。現在、大きな都市ではそういった人びとが「ファヴェーラ」という貧困地区に住み、貧困にあえいでいます。これはブラジルの最大の社会問題です。

深刻な格差と貧困

　ブラジルの貧困はどれくらい深刻なのでしょう。ブラジルでは、国民の60％が平均所得（収入から税金などをひいた金額）の2分の1以下で生活しています。貧困のために着るものや食べるものがなく、十分な教育が受けられない子どもが2000万人以上いるといわれています。なかでも、ストリートチルドレンという、親に捨てられるなどして路上で暮らす子どもたちが、約900万人いるとされています。そういった子どもたちが、生活のために犯罪を犯したり、麻薬の密売組織にはいっていきます。ブラジルで犯罪が多い原因として、深刻な貧困問題があるのです。

これからのブラジル

　これまでブラジル政府は、ファヴェーラに暮らす人びとを新しい住宅にうつし、ファヴェーラをなくすことで貧困問題を解決しようとしてきました。しかし、最近ではファヴェーラのなかに教育をする場や福祉機関をもうけ、そこで暮らす人びとの生活を安定させることで、貧困をなくす取り組みがされています。貧困をなくすことで、犯罪が減ることが期待されています。

| 国名 | Republic of Ghana |

ガーナ共和国

アフリカではめずらしい、安定した政治の国です。

トゥイ語で「平和」は

Asomdwoe
アソンジュエ

エファ・パトリックさん（33歳）

1981年生まれ。ンコランザ市の出身で、ガーナの大学を卒業したあと、高校教師をしながら、いとこが運営しているガーナの子どもたちのためのNGO活動に参加。いまは日本の大学院で平和構築の研究をしている。

なにごとも問題がなければ、安心して畑で働ける

ガーナの公用語は英語で、地域によってちがうのですが家族とはトゥイ語で話します。私は小学校3年生まではトゥイ語で4年生から英語で勉強しましたが、最近は私立学校が増え、小学校に入る前から英語を使うようになってきました。

トゥイ語で平和のことをアソンジュエといいますが、この言葉は2つの言葉から成り立っています。アソンは「耳」、ジュエは「静か」という意味です。戦争がなく、お腹がいっぱいでなにも怖くなければ、耳の中が静かになって、気持ちいい感じがするのです。犯罪

> **公用語**──その国の公の場で使われている言葉。国が作成する文書などは公用語がつかわれます。

パトリックさんにインタビュー Q&A

平和とは「耳のなかが静か」という意味

Q 平和という言葉でどんなことをイメージしますか？
戦争がなく、お腹がいっぱいで、なにも怖くない状態です。

Q 平和について語り合うことはありますか？
ガーナのまわりの国ぐにでは戦争がありますから、ガーナでは戦争を起こさないように、みんなで平和を守っていこうという意識が強いです。

Q あなたの国でどんな平和教育を受けましたか？
学校の教科に平和が入っています。先生がアフリカのほかの国などを例に、平和のことを説明したりします。選挙のときにはとくに平和を守ろうという意識が高まり、教会の最後のお祈りで平和を祈ります。

Q どんなとき平和でないと感じますか？
両親も私も教師なので、生活は安定していて、ガーナで平和でないと感じることはありませんでした。でも民族対立がある北部地域では、不安を感じる人がいるはずです。

Q あなたの国は平和ですか？
北部には民族紛争がありますが、全国的には平和といえるでしょう。経済状態はあまりよくなく、病院や医師、教師が不足しています。

Q どうすれば世界が平和になるでしょう？
ほかの人も自分と同じだと考えることです。

> **イギリスの植民地**——15世紀、技術の発達で羅針盤などの道具ができると、船で遠くまでいけるようになりました。ポルトガルやオランダ、イギリス、フランスなどが競って交易のために海外に進出し、たどり着いた土地の人びとを服従させ、植民地にしました。

やまわりの人とのケンカがなく、ほかの民族とも仲がよく、すべてに問題がなければ、安心して自分の畑で働けるし、自分の会社に行くことができます。平和とは、そういう大きなイメージです。

どちらの民族の王様が支配するかで争い

ガーナは第2次世界大戦が終わるまではイギリスの植民地で、1957年に独立しました。戦後は軍事政権が力を握り、クーデターが起こったこともありますが、いまは選挙もきち

ガーナ共和国

んとおこなわれ、平和な国になりました。アフリカではガーナの政情が一番落ち着いているといわれています。

ガーナは共和制で、大統領が選挙で選ばれるのですが、町ごとに王様がいて、町のすべてを支配するという珍しい政治の形をとっています。ガーナが独立してしばらくは平穏でしたが、1984年に最初の民族紛争が起きました。ボコという町ではクサシィ族とマンプルシ族のどちらが王様になり領地を支配するかで、ずっと争っています。私はガーナの民族どうしの関係を研究していて、このボコの民族紛争をテーマにしています。2015年の春に調査にいったときには平和を取り戻していました。

ラジオなどで戦争と平和についてのニュースをよく放送しています。ガーナのまわりの国、コートジボワールやブルキナファソなどで戦争がありますから、ガーナではそうならないように気をつけようという意識があります。とくに選挙のときにはよくラジオ、テレビ、教会で議論しますし、イスラム教の人たちが平和を守ろうというキャンペーンをしています。

> **共和制**──王様などが独断で政治をおこなうのではなく、国民が政治についての決定権をもち、選挙で選んだ人でおこなう政治のこと。

> **戦争**──アフリカでは多くの紛争や内戦がおこっています。政治に対する不満が軍事クーデターとなり、内戦へと発展しているのです。

他人が信じることに"いたずら"しない方がいい

ガーナではイスラム教とキリスト教が共存し、宗教間の対立はありません。でもほかの国に目を向けると、ちがう宗教の人どうしが理解しあえず紛争がおこることがしばしばあります。

首都アクラ

※1──2015年1月に、シャルリー・エブド社で銃の乱射事件がおこりました。犯人はイスラム過激派で、この会社が出版した週刊誌に掲載されたイスラム教の風刺画にたいする報復と考えられています。

表現の自由──考えたり感じたことを、いろいろな方法で表現する自由。基本的な人権のひとつで、日本では憲法21条で保障されている自由です。

NGO──非政府組織のこと。貧困問題など世界的な問題にとりくむ民間団体。

イスラム教を風刺した漫画を掲載したフランスの週刊誌「シャルリー・エブド」の本社が銃撃を受けた事件※1で感じたのですが、表現の自由があるからといって、人が信じているものをバカにするのはよくありません。私は、他人が信じることに"いたずら"しないほうがいい、そうすれば世の中はよくなっていくと思うのです。同じ宗教を信じる人はきょうだいに見えるけれど、ほかの宗教の人は他人に見えてしまうものです。

どんな人も自分と同じ人間だと考える

私のいとこが日本人と結婚し、NGOをつくってガーナの貧しい子どもたちのための活動をしています。私もガーナにいたときに、そのNGOで活動していました。日本で活動することになり、いまは新宿でガーナの子どもたちのための募金活動をしています。以前は毎日やっていましたが、いまは大学の勉強が忙しく、土曜と日曜だけです。

私の活動を応援してくれる人が、食べ物やジュースなどを差し入れてくれるので、ホームレスの人にお裾分けします。ホームレスの人も親しみを感じて、「なんで日本にきたの？」「なんで募金活動をやっているの？」などと話しかけてくれるようになりました。そのうちだんだん友だちになって、日本人の友人に「なぜホームレスと友だちになるの？」と不思議がられるのですが、「みんな同じ人間だから」と答えています。

今日は私は"偉い人"かもしれないけれど、明日はどうなるかわからない。だからだれでも尊敬するのです。だれでも私と同じに見える。だからすぐ友だちになれるのです。それが平和をもたらす方法だと思います。

日本のすばらしい医療システムをガーナに

私の父は教師をしていましたが、1996年から2002年まで日本の工事現場で働いていました。ガーナでは教師でも給料が安いので、日本に出稼ぎにきたのです。ガーナには自動車や家庭電化製品など日本製品がたくさんあるので、日本に興味を持っているガーナ人は多いです。遠い国ですが、日本に親しみを感じています。

ガーナの平均寿命は男性60歳、女性65歳くらいです。ガーナの人たちは、環境のことを気にせずにゴミを捨てるので町が汚れ、病気が増えています。経済もあまりよくありません。

日本には病院がたくさんあり、急病のときにはすぐに救急車がきてくれます。日本の医療システムはすばらしいです。これをガーナに持っていければいいのですが……。

日本のリサイクルシステムも大好きです。私は日本のゴミの分別を見て驚いたことを日本語学校のスピーチコンテストで発表し、優勝しました。ゴミの問題が改善すれば、ガーナでの病気も減ります。日本の分別システムをガーナに伝えることを、日本人の友だちといっしょに考えています。

ガーナ共和国ってどんな国？

ボルタ川の豊かな恵み

ガーナの国土を2つに分けるように、北から南へボルタ川が流れます。近年、この川にダムがつくられ、水力発電がおこなわれています。この電力がガーナの工業を支えています。

ボルタ川の水力発電所

特産品のカカオ

ガーナの気候は、北部はサバンナ気候、南部は熱帯雨林気候です。南部はガーナの特産品のカカオを育てるのにもってこいの気候です。他に、金やアルミニウムなども輸出していますが、近年は沿岸部で原油がみつかり、産油国になっています。

カカオの粉末

ブルキナファソ
ガーナ共和国
コートジボワール
首都：アクラ
大西洋

多様な民族

国民は、ボルタ川をさかいに南にアカン族、エウェ族、グアン族、北にモシ族、ダゴンバ族、マンプルシ族などが暮らします。英語が公用語ですが、それぞれの民族の言葉も話します。

植民地時代の要塞

ガーナの沿岸部には15世紀にポルトガルやオランダがつくった城や要塞がのこっています。ガーナに港を築き、この城にアフリカ人奴隷をあつめ、アメリカに連れていきました。

植民地時代の建物

豊かな自然

大きな国立公園にたくさんの動植物が生息しています。北部のサバンナにはモレ国立公園が、南部の熱帯雨林にはカクム国立公園があり、観光スポットになっています。

植民地時代の首長制が問題に

👉 大航海時代のガーナ

広大なアフリカ大陸には、50以上の国があります。多くがヨーロッパ諸国の植民地とされていましたが、第2次世界大戦がおわると独立します。しかし、国の統治がうまくいかず、クーデターや内戦がやまないのが現状です。

そのなかでもガーナは、政治の安定したためずらしい国です。ガーナはどのような歴史を歩んだのでしょうか。

もともとガーナには、他のアフリカの国と同じように、さまざまな部族が先住民として暮らしていました。そこへ15世紀、ポルトガル人がやってきて、金や奴隷の貿易をはじめます。

その後、ポルトガルが力を弱め、19世紀にはいるとイギリスがこの地域を植民地にしました。イギリスは植民地をおさめるために、ガーナに役場や立法機関を置きましたが、そこに現地のアフリカ人を採用することはなく、イギリス人が権力をにぎっていました。そのため、ガーナの人びとは不満をもっていました。

👉 ブラックアフリカではじめての独立国に

第2次世界大戦のあと、アフリカにも「自分たちの国は、自分たちでおさめたい」という運動がひろがります。ガーナでも1946年には新しい憲法が制定され、国民の支持を集める政党が誕生します。選挙でこの政党が大勝し、ついに1957年にガーナはイギリスの自治領として独立しました。ブラックアフリカ(サハラ砂漠以南のアフリカ)ではじめての独立国でした。

👉 安定した政治

新しいガーナ共和国は、ヨーロッパ諸国のいいなりでなく、アフリカの国どうし協力しながら発展しようとしました。また、国内の産業を新しくするため、国の主導で工業化を進めていきました。しかしうまくいかず、汚職もすすみ、経済は悪化しました。国民の不満がつのるとそれを押さえつけ、独裁的な政治がおこなわれました。こうした政府への不満を背景にたびたびクーデターが起こります。1980年代になると軍人のローリングスが政治をおこない、徹底した汚職追放と経済改革に成功します。それからは安定した政治が続いています。

👉 根深い民族どうしの争い

ガーナでも民族間の争いがあります。ガーナでは「首長制」という制度があり、それぞれの部族に首長(王様)がおかれ、部族の土地をおさめています。この部族どうしの大規模な紛争が、近年でもおきているのです。

もともとこの制度は、植民地時代にヨーロッパの国ぐにが他のアフリカ地域にもちこんだものです。当時イギリスは、植民地をおさめるために、その土地の王様などを利用して、間接的に支配をおこないました。しかし、ガーナでは王様をもたない部族もあり、そういった支配ができなかったのです。そこで、「首長(王様)」をつくらせ、その首長を服従させることでガーナを支配したのです。このとき、それぞれの民族に優劣をつけ、お互いが仲良くしないように差別がつくりだされました。この民族間の関係がいまもつづき、紛争の火種となっているのです。

さくいん

あ

- アイゼンハワー　11
- アステカ文明（ぶんめい）　16, 17
- アフガニスタン戦争（せんそう）　4, 5
- アメリカ・メキシコ戦争（せんそう）　14
- アラスカ　8
- アルゼンチン・ブラジル統合議定書（とうごうぎていしょ）　23
- イスラム教（きょう）　26, 27
- イラク戦争（せんそう）　4, 5
- NGO（エヌジーオー）　27
- オルメカ文明（ぶんめい）　16

か

- カトリック　12, 16
- キューバ　7
- 近代兵器（きんだいへいき）　10
- 軍事政権（ぐんじせいけん）　23, 25
- 軍事大国（ぐんじたいこく）　4
- 軍事同盟（ぐんじどうめい）　7
- 軍需産業（ぐんじゅさんぎょう）　9, 11
- 経済危機（けいざいき）　17
- 原爆（げんばく）　5
- 憲法９条（けんぽうじょう）　7

さ

- 公用語（こうようご）　24
- 国際連合（こくさいれんごう）　10
- 国民主権（こくみんしゅけん）　9
- 国交（こっこう）　7

さ

- 産業革命（さんぎょうかくめい）　10
- 社会主義（しゃかいしゅぎ）　7, 9
- 首長制（しゅちょうせい）　29
- 少年兵（しょうねんへい）　11
- 植民地政策（しょくみんちせいさく）　7
- 人権（じんけん）　9, 10
- 神道（しんとう）　13
- ストリートチルドレン　23
- 世界の警察官（せかいのけいさつかん）　4, 9
- 先住民（せんじゅうみん）　8, 9, 16, 17, 22
- 戦争中毒（せんそうちゅうどく）　9

た

- 大航海時代（だいこうかいじだい）　17, 29
- 大量破壊兵器（たいりょうはかいへいき）　4, 5
- 超大国（ちょうたいこく）　10
- 徴兵制（度）（ちょうへいせい ど）　19, 20

出稼ぎ ……………………… 21, 27
同性愛 ……………………… 15
独立戦争 …………………… 9
奴隷 ………………… 8, 22, 28, 29

な

難民支援 …………………… 10
日米安保条約 ……………… 7
日系人 ……………………… 21

は

パリ不戦条約 ……………… 10
ハワイ ……………………… 8, 9
表現の自由 ………………… 27
ファヴェーラ …………… 22, 23
武器産業 …………………… 11
武器貿易条約 ……………… 11
武器輸出3原則 …………… 11
不法入国 …………………… 15
平和維持活動 ……………… 10
ベトナム戦争 ……………… 4, 5
ボーイング社 ……………… 11
ポツダム宣言 ……………… 8

ボルタ川 …………………… 28

ま

マフィア …………………… 21
麻薬密売組織 …………… 15, 16
マヤ文明 …………………… 16
民族紛争 ………………… 25, 26
メキシコ革命 ……………… 17
メキシコシティ ………… 14, 15
メキシコ独立戦争 ………… 14
メスティーソ ……………… 16

ら

リオデジャネイロ ………… 20
ロッキード社 ……………… 11

■ 監修者プロフィール

伊勢﨑賢治（いせざき　けんじ）

1957年東京生まれ。国際NGOスタッフとしてアフリカ各地で活動後、東ティモール、シエラレオネ、アフガニスタンで紛争処理を指揮。現在、東京外国語大学教授。著書に『武装解除　紛争屋が見た世界』（講談社現代新書）、『伊勢﨑賢治の平和構築ゼミ』（大月書店）、『国際貢献のウソ』（ちくまプリマー新書）、『本当の戦争の話をしよう：世界の「対立」を仕切る』（朝日出版社）など。

■ 執筆者プロフィール

八木　絹（やぎ　きぬ）

編集者・ライター。作品に『自衛官が共産党市議になった―憲法9条が結んだ縁』『人はともだち、音もともだち』『Fragments―魂のかけら　東日本大震災の記憶』『先生、殴らないで！』『アラブ革命への視角』（以上かもがわ出版）ほか。自費出版・編集工房〈戸倉書院〉代表。

本堂やよい（ほんどう　やよい）

ライター。執筆に『こんなにすごい！日本国憲法　権力から人権をまもるために～自由権～』。

■ 本文デザイン　佐藤　匠（クリエイツかもがわ）
■ 装丁　加門啓子（クリエイツかもがわ）

世界の人びとに聞いた100通りの平和
シリーズ2　アメリカ・アフリカ編

2015年11月20日　第1版第1刷発行	NDC319
2016年11月1日　第1版第2刷発行	

監　修　伊勢﨑賢治

執　筆　八木　絹　本堂やよい

発行者　竹村　正治

発行所　株式会社 かもがわ出版
〒602-8119　京都市上京区出水通堀川西入
営業部：TEL 075-432-2868　　FAX 075-432-2869
編集部：TEL 075-432-2934　　FAX 075-417-2114
振替 01010-5-12436
http://www.kamogawa.co.jp

印刷所　株式会社 光陽メディア

ⒸKamogawa Syuppan 2015
Printed in Japan

32p 26cm
ISBN978-4-7803-0792-4
C8336